AF465727

ÉMILE DIGEON

DROITS ET DEVOIRS

DANS

L'ANARCHIE RATIONNELLE

NÉCESSITÉ D'UNE ORGANISATION SOCIALE. — PHILOSOPHIE RATIONNELLE. — RELIGIONS. — FRANC-MAÇONNERIE. — JUSTICE. — RÉCIPROCITÉ. — ÉGOÏSME. — DÉVOUEMENT. — SOUVERAINETÉ DU PEUPLE. — LES MAJORITÉS. — LES MINORITÉS — LE SENS COMMUN DU PEUPLE. — PLUS D'INFAILLIBLES. — LES DÉPUTÉS USURPATEURS. — GOUVERNEMENT DIRECT DU PEUPLE. — INITIATIVE RÉVOLUTIONNAIRE. — LE COLLECTIVISME. — CRÉDIT AU TRAVAILLEUR. — LES ANARCHISTES ABSOLUS. — LIBERTÉ INDIVIDUELLE — DROITS DE L'ENFANT. — RESPONSABILITÉ DES GOUVERNEMENTS ACTUELS. — AU PEUPLE LA SOLUTION.

A. FAYARD, EDITEUR
78, BOULEVARD SAINT-MICHEL, PARIS.

DÉPOT CHEZ CHONMORU, LIBRAIRE SOCIALISTE,
84, RUE MOUFFETARD, 84, PARIS.

SE VEND CHEZ TOUS LES LIBRAIRES.

PRIX: 35 CENTIMES.

1882.

PARIS, TYP. DE M. DÉCEMBRE, 326. RUE DE VAUGIRARD.

DROITS ET DEVOIRS

DANS

L'ANARCHIE RATIONNELLE.

> **L'anarchie rationnelle consiste à n'admettre *aucune autorité* en dehors de celle du peuple exercée directement dans le vote des lois, et par l'intermédiaire de délégués *toujours révocables* pour l'exécution de ses décisions.**
> **(Anarchie rationnelle, par E. DIGEON).**

I

Certains socialistes libertaires, cherchant, avec juste raison, à réagir contre les tendances autoritaires de certains autres socialistes, sont tombés dans un excès d'individualisme dangereux pour la liberté qu'ils veulent défendre.

Raisonnant comme si la nature pouvait fournir spontanément, sans travail humain, tout ce qui est nécessaire ou agréable à tous, — plusieurs vont même jusqu'à soutenir que chaque homme a le droit de prendre partout, sans souci d'autrui, tout ce qui peut lui convenir, non-seulement pour la satisfaction de ses besoins réels, mais encore pour celle de ses caprices.

Cette idée peut caresser l'égoïsme de quelques-uns, — mais elle méconnaît l'existence des devoirs sociaux imposés par la nature elle-même.

Il importe de refouler des exagérations dont les résultats seraient funestes à l'esprit de liberté au nom duquel on les préconise : — *La négation légitime du principe d'autorité arbitraire* ne doit pas être confondue avec *la négation insensée de toute règle sociale.*

∴

A mesure que la race humaine s'est multipliée, l'insuffisance des productions spontanées de la nature a mis progressivement chaque homme dans l'impossibilité de vivre sans travailler, et de se passer du concours de ses semblables.

De cette impossibilité est provenue la nécessité d'une organisation sociale quelconque.

D'un autre côté, la terre ne fournissant pas également, partout, les matières premières indispensables à la production, il a fallu recourir aux échanges et organiser des moyens de transport. — De là ont surgi des conventions dont l'exécution réciproque a dû être garantie par des lois générales.

On aura donc beau dire et beau faire, la nécessité absolue de vivre en société, soumet tous les hommes à des devoirs sociaux auxquels nul ne peut se soustraire sans violer les indications de la nature elle-même.

Mais à ces devoirs correspondent des droits, et c'est l'équilibre de ces droits et de ces devoirs qui constitue la morale vraie.

En conséquence, il ne peut y avoir, entre les hommes, de règles légitimes autres que celles qui reposent sur la garantie mutuelle des droits respectifs, conformément aux besoins réels de notre organisme, — non d'après les caprices de l'égoïsme ou de la folie.

*
* *

C'est pourquoi la philosophie rationnelle nie toute morale dictée autoritairement par une individualité quelconque.

Elle repousse, surtout, celle que les prêtres de toutes les religions, grands exploiteurs de la crédulité, présentent comme formulée par un être infini qui, au milieu de son éternité, aurait imaginé de créer le monde pour le remplir de malheureux soumis à sa volonté capricieuse et cruelle : — ne serait-il pas en effet capricieux et cruel l'Etre suprême qui, nous ayant donné lui-même des instincts irrésistibles, nous défendrait de les satisfaire, sous peine de châtiments épouvantables, — comme s'il trouvait plaisir à nous voir débattre dans les convulsions du supplice de Tantale ?

Laissons l'imagination hystérique des déistes attribuer à l'être fantastique qu'ils appellent *Dieu* la création de la matière dont l'existence éternelle est certainement mieux démontrée que celle de ce prétendu Dieu : — oui, fermons notre esprit aux superstitions ; ouvrons-le à la science dont les démonstrations prouvent, de plus en plus, que les forces attractives et répulsives sont inhérentes à la matière, et qu'elles engendrent à des degrés divers, au milieu de transformations infinies, des phénomènes intellectuels, comme elles produisent des phénomènes de chaleur et de lumière.

*
* *

Tenons-nous pareillement en garde contre les préjugés de certaines confréries laïques qui, sous couleur de bienfaisance et d'anti-cléricalisme, veulent bâtir de nouveaux temples avec les ruines des églises, et remplacer les vieilles liturgies religieuses par des rites aussi ridicules, — sans en excepter le vestiaire ecclésiastique, qu'elles remplacent par un étalage carnavalesque de galons et de petits tabliers.

Nous signalons la Franc-maçonnerie comme spécialement dangereuse : Fondée sur une hiérarchie dont on ne peut généralement franchir les degrés que moyennant le paiement de sommes graduellement plus fortes, cette association aristocratique est d'autant plus funeste aux déshérités, qu'elle tend sans cesse à absorber, en faveur de ses membres, toutes les fonctions publiques, quelle que soit la forme et l'origine du pouvoir régnant : — Aussi la voit-on, tout en semblant condamner les abus gouvernementaux, mettre à sa tête des complices de la tyrannie !... C'est parmi les criminels du 2 décembre qu'elle prit ses grands dignitaires pendant l'Empire.

Ne la voyons-nous pas, en ce moment, affecter d'un côté un anti-cléricalisme forcené, tandis que, d'autre part, elle se met à la remorque des opportunistes qui augmentent le budget des cultes ? — Elle établit ainsi, avec les autoritaires prétendus républicains, des compromissions semblables à celles que les prélats catholiques entretenaient avec les monarques dont ils prétendaient contenir les excès.

C'est pourquoi nous ne craignons pas d'affirmer que tout libre penseur doit considérer la

Franc-maçonnerie comme étant aujourd'hui aussi nuisible, que l'était jadis le catholicisme dont elle imite les procédés pour s'emparer de la domination dans le nouveau monde officiel.

Certes, nous savons que parmi ses membres il en est qui croient encore, de bonne foi, à son utilité; — mais ils ne s'apperçoivent pas, qu'au fond, ils servent de marchepied à des meneurs dont l'unique but est d'exploiter, au profit de leur ambition personnelle, l'influence de l'association.

Cette digression était nécessaire pour faire bien comprendre qu'il est d'autres superstitions que celles dont les prêtres tirent profit, et que toutes sont également funestes, dès l'instant où elles tendent à établir des hiérarchies et des privilèges en violation de la souveraineté collective et du principe d'égalité.

On peut être anti-clérical sans être libre-penseur, ni même républicain : Voltaire était imbu d'idées monarchiques et de déisme.

*
* *

Ne reconnaissons donc, comme base d'entente et de justice entre les hommes que les indications de la nature en vertu desquelles la société a dû se constituer, dans l'intérêt commun, pondératrice des droits et des devoirs de tous, pour l'exploitation de la matière première et pour la jouissance des productions du travail humain.

Ce rôle impose à la Société l'obligation de veiller à ce que chaque homme ait les moyens de se procurer la satisfaction proportionnelle de ses besoins réels, *dans la limite des droits égaux d'autrui.*

De cette obligation naît, pour elle, le droit et le

devoir d'empêcher, autant que possible, que les uns jouissent d'un superflu hors de proportion avec leur travail effectif, *quand d'autres n'ont pas tout le nécessaire, en travaillant davantage.*

Cette règle, scandaleusement violée dans l'organisation sociale actuelle, devrait être le *critérium* de quiconque veut sincèrement rapprocher l'avénement de la justice vers lequel l'humanité marche sans cesse à travers des ébranlements douleureux comparables aux phénomènes, souvent désordonnés, de l'électricité dont l'utilité n'est cependant pas contestable.

Malheureusement, l'hésitation et le doute règnent au milieu de la lutte confuse des intérêts contraires fondés, d'un côté, sur les droits primordiaux impudemment violés, et, d'autre côté, sur une prétendue légitimité qui découlerait de l'ancienneté des usurpations, — comme si le droit pouvait être détruit, en principe, par la durée des attentats dont il a été l'objet.

C'est à l'ombre de cette confusion, perfidement entretenue par l'égoïsme des usurpateurs, que la société humaine a traversé de longs siècles pendant lesquels des hommes ont produit toute la richesse sociale et n'ont pas eu toujours ce qui leur était strictement indispensable pour ne pas mourir de misère, — tandis que d'autres hommes n'ont rien produit et ont absorbé la plus grande partie de cette richesse.

*
* *

Mais les nécessités, toujours croissantes, de la production, ont amené l'agglomération des travailleurs, c'est-à-dire le rapprochement des exploités : ce contact a eu sur les mœurs une influence profonde qui se manifeste par le sentiment progressif des droits et de la force réelle de la collectivité ouvrière, et par un esprit d'indépendance désormais incompatible, avec la morale officielle des gouvernements et des religions.

A la morale d'asservissement ou d'exploitation de l'homme par l'homme, et de soumission à une fatalité de malheur, prêchée par les rhéteurs patentés et par les prêtres, — succède, de plus en plus, dans le sein des masses prolétaires, la morale supérieure de révolte contre l'injustice et de revendication des droits primordiaux usurpés.

En écoutant attentivement le vent qui souffle à travers le monde politique on peut entendre déjà, le bruit des foules soulevées, la clameur des exploités que n'apaiseront plus des promesses fallacieuses mille fois faites et toujours violées.

Mais à mesure que la rumeur revendicatrice s'accentue, à mesure que la morale égalitaire et libertaire se répand parmi les masses désabusées, les exploiteurs des vieilles superstitions et du vieux principe d'autorité, cherchent à barrer le chemin au courant.

Dans leur effarement ils ne s'aperçoivent pas que plus ils entassent d'obstacles, plus le flot monte derrière leurs digues, et plus le torrent sera terrible au moment inévitable où il renversera tout.

Les insensés ! — Fermant les yeux à l'évidence et les oreilles à la raison, ils s'entêtent à ne pas vouloir reconnaître que le seul moyen qui leur reste de se faire pardonner est de répudier spontanément la morale inique qui berça leur égoïsme

Rentrant dans le sein du peuple ils jouiraient des droits dont tout le monde jouira, quand la pourriture des privilèges sera balayée ; — mais s'ils persistent à se mettre en travers de l'intérêt public, de l'avènement de la justice sociale, ils seront fatalement broyés tôt ou tard !...

Le salut de chacun sera, seulement, là où se grouperont les intérêts légitimes de tous : — malheur à ceux qui ne se rallierout pas à temps sous l'étendard trois fois saint de la *Liberté*, de l'*Egalité*, de la *Fraternité*.

C'est uniquement sous les plis de cette bannière rouge du sang de nos martyrs, que nous pourrons trouver, tous également, le bonheur tant cherché.

II

La Liberté, l'Egalité et la Fraternité ne sont au fond que des formes diverses, ou, pour mieux dire, des émanatious de l'idée supérieure de Justice ; — idée régulatrice de l'exercice des droits individuels et collectifs des hommes les uns vis-à-vis des autres.

La première loi de justice sociale est celle de *réciprocité*, selon les forces et les aptitudes que chacun a reçues de la nature, — réciprocité d'efforts proportionnels, dans un intérêt mutuel ou commun.

Le devoir de réciprocité est le frein indispensable de l'*égoïsme* qui tendrait, toujours, en bas comme en haut, à la tyrannie et à l'exploitation de l'homme par l'homme.

Aussi convient-il de réagir contre certaines doctrines qui, sous le nom générique *d'individualisme*, tendent à exalter l'égoïsme auquel nous ne sommes, malheureusement, que trop enclins.

On ne saurait, sans danger pour la Société, exagérer un sentiment dont l'expansion immodérée conduirait naturellement à laisser à chacun la faculté de s'approprier, *même après l'assouvissement de ses besoins, ce qui est indispensable à autrui pour vivre.*

Non seulement il ne faut pas préconiser l'égoïsme qui n'en a pas besoin ; mais il est nécessaire de fomenter l'esprit de dévouement trop peu répandu.

*
* *

Certes, bien que nous admirions le dévouement absolu, nous ne prétendons pas que l'on doive se dévouer aveuglement, sans aucune idée de réciprocité éventuelle ; — nous considérons, au contraire le principe de réciprocité comme la base de toute société humaine.

Il y a loin de ce principe aux maximes énervantes du catholicisme dont les promesses de récompense dans une vie ultérieure, en échange de l'abnégation absolue dans celle-ci, ont contribué puissamment, pendant plusieurs siècles, à maintenir les travailleurs dans l'asservissement volontaire, le plus dégradant des esclavages.

La réciprocité est un devoir si impérieux que, dans les cas où elle ne peut venir directement de ceux pour qui on se dévoue, c'est à la Société qu'il incombe de le remplir, — ne fût-ce que pour fomenter les initiatives généreuses, comme elle le fait, du reste, déjà, en accordant des récompenses au dévouement.

Non, il ne faut pas plus de droits sans devoirs,

que des devoirs sans droits : En résumé *chacun doit aux autres, dans la mesure de ses forces et selon ses aptitudes, la réciprocité des services que les autres lui prêtent, soit individuellement, soit collectivement.*

De là les droits et les devoirs auxquels personne ne peut se soustraire sans encourir la qualification d'exploiteur, autant sous la blouse que sous l'habit.

*
* *

Selon la rigueur du droit, nul ne doit dépendre de la volonté de qui que ce soit, *quant à ses intérêts absolument particuliers* ; — mais nous devons, tous, être soumis à la volonté impersonnelle de la majorité *en ce qui concerne les questions d'intérêt général.*

La volonté du peuple, manifestée librement par le vote universel et *constamment modifiable*, est la seule autorité légitime au point de vue des intérêts généraux ; — elle est la seule qui soit entièrement à l'abri de toute possibilité d'injustice intentionnelle, sinon d'erreur.

En effet le peuple, entité impersonnelle, ne pourrait pas, s'il était réellement libre, voter des lois qu'il saurait oppressives de ses propres droits.

Qu'on ne prétende pas qu'il s'est trompé souvent : — ce sont ses mandataires qui l'ont trompé, en s'offrant à lui avec des programmes remplis de promesses qu'ils ont ensuite violées impudemment.

Le peuple ne se tromperait pas souvent si, au lieu de voter pour des hommes dont il ne peut lire les pensées cachées, il était appelé à se prononcer directement sur les questions qui l'intéressent; dans les cas où il se tromperait, il ne tarderait pas à rectifier ses erreurs.

On peut être persuadé, par exemple, qu'il se débarrasserait bientôt de la centralisation gouvernementale qui le ruine et l'opprime en occasionnant le maintien d'une quantité innombrable de fonctionnaires improductifs et d'une armée nombreuse placée en dehors et audessus de lui.

*
* *

Si l'histoire mentionne de prétendus plébiscites par lesquels le peuple a fait litière de sa souveraineté à des usurpateurs, — c'est qu'il vota ayant les baïonnettes sur la gorge et en haine d'une autre tyrannie : ces plébiscites furent faussés par la terreur, par le mensonge et par la corruption.

De tels scandales ne seraient pas possibles si les masses du suffrage universel votaient librement, en dehors de toute pression autoritaire, n'ayant en face d'elles que des fonctionnaires nommés et constamment révocables par elles-mêmes.

Mais c'est fatalement le contraire qui a lieu sous le règne d'une minorité quelconque : celle-ci tend à augmenter son pouvoir et à se mettre au-dessus des lois, — même de celles qu'elle édicte.

C'est ainsi qu'après avoir vu Louis Bonaparte faire impunément son coup d'Etat, et les hommes du 16 mai tenter le leur avec la même impunité, — nous voyons aujourd'hui nos députés se déclarer inviolables, se réunir hors des heures des séances publiques sans faire aucune déclaration, cumuler scandaleusement plusieurs emplois et augmenter, aux dépens de leurs mandants, les avantages pécuniaires, déjà excessifs, dont ils jouissent.

Les diverses minorités gouvernementales vont même jusqu'à se concéder mutuellement l'impunité, ainsi qu'on l'a vu de la part des opportunistes vis-à-vis des criminels du 2 décembre et du 16 mai : — les autoritaires finissent toujours par se réconcilier ; ils réservent leur implacabilité vis-à-vis des libertaires, comme en juin 1848, et en mai 1871 : — M. Thiers, l'égorgeur impitoyable des communalistes sincères, protégea M. Ranc, après avoir couvert les tripotages financiers de Gambetta et de Clément Laurier.

∴

Personne n'oserait soutenir, en principe, que la majorité doive être soumise aux caprices d'une minorité : Pourquoi donc ce qui n'est pas admissible en principe, existe-t-il en fait?

Quand donc en finira-t-on avec la prétention outrecuidante et criminelle d'imposer arbitrairement des lois au peuple?

Quand ne verrons-nous plus tant de prétendants et tant d'inventeurs de systèmes politiques et sociaux, s'attribuer, chacun de son côté, une infaillibilité qui n'appartient à personne?

Que chacun fasse librement de la propagande en faveur des idées qui lui paraissent les meilleures, rien de mieux ;—mais qu'il se figure, en vertu de sa naissance ou d'une prétendue supériorité de jugement, avoir le droit d'imposer son autorité ou de proscrire ceux qui n'en veulent pas, c'est vraiment intolérable.

Défions-nous autant des papes politiques que des papes religieux ; — ne veuillons pas plus de grands pontifes à Paris qu'à Rome.

Ne nous lassons jamais de répéter que, dans les questions d'intérêt public, il n'y a de légitime que ce qui est décidé ou approuvé préalablement par le peuple en dehors de toute pression autoritaire.

∴

Il faut même se débarrasser du préjugé qui consiste à concéder une supériorité de jugement ou de *sens commun* à ceux qui savent le mieux lire ou compter.

Il est évident que, dans certaines questions techniques, des corporations ou des individus, pourvus de connaissances spéciales, peuvent souvent avoir raison, à l'encontre des majorités moins instruites, quant à ces spécialités; — mais ce n'est pas un motif d'admettre que ces corporations ou ces individus qui, en somme, ne sont pas infaillibles, puissent s'arroger le droit d'imposer leurs solutions à la majorité, surtout quand il s'agit de questions de morale ou d'intérêt général qui n'ont rien de technique ou de spécial.

Si la supériorité d'instruction dans une spécialité scientifique ou littéraire était admise comme un titre à la direction des intérêts sociaux,—elle conduirait logiquement à la tyrannie du plus instruit, malgré toutes les possibilités d'aberration instantanée ou de ramollissement cérébral progressif auxquel les plus savants sont sujets comme les plus ignorants.

Cette tyrannie, fondée sur l'incapacité relative du peuple, serait perpétuelle attendu que, quels que puissent être les progrès des masses populaire, il y aura toujours des individus plus instruits que les autres.

On ne peut certainement pas nier que le peuple soit aujourd'hui plus instruit que ne l'étaient les privilégiés en l'an 1000, par exemple. — Lui reconnaît-on davantage pour cela le droit de gérer directement ses affaires ? — non ! on continue à le priver de l'exercice direct de ses droits, en prétextant toujours l'infériorité relative de son instruction.

Comme dans les temps anciens où on l'appelait à nommer ses rois, on lui permet d'exercer pendant *un jour*, *tous les quatre ans*, un semblant de souveraineté ; — mais c'est uniquement pour lui faire abdiquer cette souveraineté en faveur d'individus qui peuvent se moquer impunément de lui immédiatement après le vote, — ce qui constitue une véritable comédie, un leurre.

∴

Les autoritaires de toutes provenances disent *sans cesse que le peuple est ignorant*, *qu'il est stupide*, *qu'il a besoin d'être gouverné*.

Nous sommes indignés de voir ceux qui ont eu la chance de trouver dans leur berceau, ou sur le chemin de la vie, de quoi acheter des livres, traiter ainsi le peuple d'imbécile du haut de leur orthographe de rencontre ou de leur morgue de parvenus : — ils auront beau entasser livres sur livres, ou allonger plus ou moins leur veste de prolétaire, nous ne leur concéderons pas plus de *sens commun*.

N'avons-nous pas tous connu des mathématiciens distingués, des avocats éloquents, des professeurs érudits qui n'avaient pas de discernement en dehors de leur spécialité?

La vérité est que chacun peut avoir une aptitude particulière dans l'exercice de laquelle il sera plus habile que d'autres; — mais cette aptitude spéciale, si grande qu'elle puisse être, n'est pas le signe certain d'un *sens commun* supérieur à celui des individus qui ont une aptitude ou une profession différente.

L'histoire nous montre des savants célèbres, des philosophes renommés qui ont été presque stupides dans les choses ordinaires de la vie et au point de vue des questions d'intérêt général, — précisément parce qu'ils se perdaient au milieu d'abstractions.

M. Thiers, le grand homme d'Etat de la bourgeoisie, n'a-t-il pas nié, pendant longtemps, la possibilité d'établir des chemins de fer, comme Napoléon Ier, funeste génie de la guerre, avait nié la possibilité de la navigation à vapeur? — Cependant il était facile de comprendre que les roues d'une voiture iraient plus vite sur des bandes de fer libres d'obstacles, et que la vapeur, qui fait sauter une marmite hermétiquement fermée, peut pousser un piston: — Un charretier et un cuisinier l'auraient peut-être mieux compris que Napoléon Ier et que M. Thiers.

III

Certes, le peuple n'est ni général, ni avocat, ni huissier, ni ba[illegible]ier, [illegible]i publiciste : — mais il est maçon, m[illegible]icien, t[illegible]lleur, boulanger, cordonnier, etc., etc., — et il est aussi habile, surtout plus utile, dans ses professions que les autres dans les leurs.

Au lieu de faire métier de tuer des hommes; au lieu de fausser son intelligence et son cœur à soutenir alternativement le pour et le contre; au lieu de faire des saisies pour achever de ruiner les malheureux; au lieu de méditer des filouteries et des coups de bourse; au lieu d'écrire froidement en vers ou en prose, des anathèmes contre le capital, tout en dépensant 25,50 et même 100 francs par jour : — le peuple accomplit, lui, des travaux toujours utiles, jamais nuisibles, et il conserve son *sens commun* beaucoup plus que ceux qui affectent de douter de son intelligence.

Il distingue, aussi bien que qui que ce soit, le bien du mal.

Ainsi, il comprend, tout bonnement, sans avoir besoin de torturer son cerveau, que les volontés individuelles ne rayonnent pas au-dessus des têtes, comme la clarté ou la lumière rayonnent autour d'un foyer, — elles doivent, pour se manifester, avoir recours à la parole, ou au vote qui est l'unique parole des collectivités, n'en déplaise à quelques-uns de nos amis.

Son gros bon sens, guide plus sûr que l'esprit d'ergoterie, lui dit que pour toute œuvre complexe, qui exige le concours de plusieurs, il faut une direction quelconque *choisie par la majorité* des intéressés, quand tous ne sont pas d'accord sur ce choix.

Peu pratique dans l'art de l'éloquence, espèce de jonglerie de la parole, dont il apprend à se méfier chaque jour davantage, — il se contente de hausser les épaules quand on essaie, à l'aide de raisonnemeuts plus ou moins spécieux, de lui faire croire, — tantôt qu'il a et aura toujours besoin de maîtres pour le gouverner, — tantôt que pour construire la maison commune dans laquelle nous devrons tous nous abriter, il ne sera pas besoin de règle et que chacun aura le droit de placer capricieusement sa pierre où il voudra.

Il sait d'avance que, dans cette maison, il y aura fatalement des places plus ou moins bonnes et que pour décider qui devra occuper les meilleures, il faudra une règle quelconque afin d'éviter que les plus forts laissent les mauvaises aux plus faibles, à l'inverse de ce qui doit avoir lieu.

En un mot, le peuple sent que ce n'est ni en allant chacun de son côté, enveloppé dans un égoïsme stupidement entendu, ni en suivant aveuglement, à l'aventure, le premier venu, — que la caravane humaine atteindra l'oasis social.

.˙.

Et le peuple comprend, sait et sent tout cela, parce qu'il a le meilleur des guides, — le *sens commun* que n'ont pas tous ceux qui le traitent d'imbécile.

Voudrait-ils par hasard, ceux-la, qu'il adoptât à la fois toutes les idées contradictoires qu'on lui prêche à droite et à gauche?

Mais qu'ils sachent donc se mettre d'accord entr'eux, avant de douter de son discernement parce qu'il n'adopte pas leurs panacées! — Il est bien facile de comprendre que s'il se décidait à suivre les conseils des uns, les autres n'en continueraient pas moins à le considérer comme incapable de se conduire : — Aussi fait-il bien de n'écouter que sa raison souveraine, au risque d'être traité de niais par tous les inventeurs de recettes infaillibles.

Nous en connaissons qui vont même jusqu'à prétendre qu'il convient d'essayer tous les systèmes, les uns après les autres, et de choisir ensuite le meilleur : — d'abord, pour choisir, il faudrait avoir recours au vote que certains repoussent avec entêtement ; ensuite, conçoit-on dans quel état se trouverait la société après être passée sucessivement à travers tous les moules, plus ou moins biscornus, qu'il plairait à qui que ce fût de lui présenter ! — En finirait-on même jamais avec la fécondité impitoyable des inventeurs ?

Ah ! oui, le peuple fait bien de se tenir sur la réserve à l'égard de tout ceux qui rêvent de lui imposer la pratique de leurs théories : qu'il sache bien non seulement que nul n'a le droit de l'obliger à faire ce qu'il ne veut pas, — mais encore que personne, *quand il s'agit de l'intérêt général*, ne doit se soustraire ou s'opposer à l'exécution de ses volontés *librement exprimées et librement modifiables* en vertu de leur incessante perfectibilité !

IV

Qu'on ne vienne pas dire que le peuple pourrait opprimer des minorités.

Empêcher des attentats contre les particuliers

ou contre la collectivité sociale, n'est pas opprimer : — l'oppression consiste à entraver l'exercice d'un droit.

Il n'est pas possible que le peuple, réellement libre, méconnaisse des droits dont la légitimité ne peut être basée que sur ses propres droits.

Et si, par extraordinaire, il fallait absolument choisir entre la possibilité d'oppression de la part de la majorité et la certitude réelle ou seulement a possibilité de tyrannie de la part de la minorité, — n'y aurait-il pas folie à se prononcer en faveur de cette dernière?

Le peuple se défend contre l'oppression quand et comme il peut, — il n'opprime jamais. Lorsque dans ses jours de colère, il prend au collet ceux qui l'ont persécuté ou qui tentent de le charger de chaînes, — il a le droit de réduire ces malfaiteurs à l'impuissance définitive de lui nuire, et il aurait tort de les laisser en situation de renouveler leurs criminels attentats.

Dans une organisation vraiment démocratique, tant que les minorités ne porteront pas atteinte aux intérêts des individus ou à ceux de la collectivité sociale, — elles n'auront rien à craindre de la majorité gardienne des droits de cette collectivité dont la volonté, essentiellement mobile et perfectible, permettra à tous les groupes de devenir à leur tour majorité, si leurs idées sont ou deviennent conformes à l'intérêt général.

.·.

On peut dire que le fonctionnement permanent de la souveraineté du peuple n'a jamais été organisé : — jusqu'à présent le pouvoir a toujours été exercé par des minorités ; c'est pourquoi il a toujours été oppresseur.

Nous l'avons déjà dit, la majorité logiquement soumises aux lois *qu'elle édicterait ou sanctionnerait directement en dehors de toute influence autoritaire*, ne pourrait pas être oppressive :—on ne s'opprime pas volontairement soi-même.

Quant aux minorités gouvernementales, on le sait, — obligées de se maintenir par la force, elles sont fatalement condamnées à faire des lois contraires à la liberté des gouvernés et favorables aux gouvernants ; elles se sentent naturellement d'autant plus libres, que leurs adversaires le sont moins, et elles ne trouvent opportun que ce qui leur est avantageux : — C'est du reste, là, le fond de la politique des opportunistes de tous les temps et de tous les pays.

Dès l'instant où, après une révolution, il s'est manifesté une oppression, c'est qu'une minorité avait usurpé la souveraineté du peuple par ruse ou par violence.

Ainsi, aujourd'hui, ce n'est certes pas la majorité qui gouverne ; ce sont les députés qui, trompant la confiance du peuple, ont maintenu les lois monarchiques contraires à la liberté des mandants et favorables à la domination des mandataires : — au fond nous sommes opprimés par une minorité composée de nos députés et de fonctionnaires civils et militaires qu'ils paient avec notre argent.

Et cependant, cinq ou six cents députés ont beau avoir obtenu, par n'importe quels moyens, un mandat indéterminé,—ils n'ont, pas plus qu'un empereur ou un dictateur élu, le droit de nous imposer des lois sans qu'elles aient été sanctionnées directement par le peuple, seul souverain.

Leur attitude vis-à-vis du suffrage universel est comparable à celle qu'aurait M. Grévy, vis-à-vis des Chambres qui l'ont nommé président de la République, s'il s'avisait d'édicter des lois sans les soumettre à la sanction parlementaire.

Dira-t-on que la Constitution donne le pouvoir législatif aux Chambres ?

Premièrement, cette constitution fabriquée par une assemblée qui n'avait aucun mandat pour cela, est nulle même en droit politique; — mais eût-elle été votée par une assemblée pourvue d'un mandat régulier, elle n'en serait pas moins nulle en tout ce qui porte atteinte *à la souveraineté des mandants sur leurs mandataires*.

Ceux-ci n'ont pas eu le droit de se déclarer pour un temps quelconque, déterminé ou indéterminé, au-dessus du droit *incessant de révocation* que, d'après les lois ordinaires de tous les pays et d'après le sens commun, tout mandant a sur son mandataire, — attendu qu'un mandat, non révocable en principe, pendant une durée quelconque, constitue une véritable aliénation.

Nos législateurs n'ont *pas même essayé* d'organiser le fonctionnement permanent de la souveraineté du peuple ; ils ont préféré s'en tenir aux errements du passé, en vertu desquels ils peuvent obtenir à leur profit des aliénations successives et périodiques de cette souveraineté.

L'assemblée usurpatrice de 1875 n'a, dans aucun cas, eu le droit de déclarer la Constitution exécutoire sans la soumettre à la sanction du peuple.

D'un autre côté, la Chambre actuelle, héritière des usurpations de ses devancières, est elle-même usurpatrice en détenant un pouvoir illégitime.

C'est donc bien une minorité qui nous gouverne : — il en sera ainsi tant que le peuple ne sera pas lui-même, directement, son propre législateur, ne confiant à des délégués, toujours révocables, *que le soin de préparer des projets et d'exécuter ses volontés souveraines.*

.·.

Si, au lendemain de la révolution que l'attitude de nos gouvernants rend inévitable, le peuple sait garder devers lui, à tous les degrés, le droit de voter ou de sanctionner les lois, — il ne sera plus exposé à perdre l'exercice de sa souveraineté, l'oppression deviendra impossible, tous les droits individuels et collectifs seront respectés.

Chaque individu libre, dans la gestion de ses intérêts particuliers, *n'ayant pour limite que l'obligation de respecter les droits égaux d'autrui*, — tel sera le droit individuel.

Les habitants des circoncriptions territoriales et toutes les corporations *votant les lois qui leur sont exclusivement applicables*, et pouvant *nommer et révoquer leurs agents*, — tel sera le droit des diverses collectivités.

L'intérêt général dominant toujours l'intérêt particulier, *dans les cas de conflit*, — tel sera le droit public.

C'est surtout à ce dernier point de vue qu'il est dangereux d'exalter l'égoïsme en le déclarant libre de toute obligation sociale.

Que l'on y prenne garde, répétons-le sans cesse : — nous ne sommes que trop portés à n'écouter que la voix de notre égoïsme ; il n'est pas besoin de nous faire de la propagande dans ce sens.

Proclamons, au contraire, hautement que, *dans les questions d'intérêt général*, nous devons sacrifier nos intérêts particuliers *quand ils sont en opposition avec ceux de la collectivité*.

V

La conclusion logique de tout ce qui précède est que le peuple, doit, avant tout, songer à se débarrasser, *par tous les moyens*, d'une législation gouvernementale qui livre fatalement le pouvoir à des minorités.

Pour cela, il ne doit, désormais, compter complètement que sur lui-même, en se persuadant bien que ses gouvernants n'abdiqueront pas volontairement l'autorité, qui leur permet de se perpétuer au pouvoir au moyen de la corruption et, au besoin, de la violence.

Avec l'action démoralisatrice et oppressive des forces autoritaires, économiques et administratives dont ils diposent, — ils continueront de fausser le suffrage universel, lui-même, pour lui arracher le renouvellement successif de leur pouvoir.

C'est pourquoi, malgré les efforts que l'on pourra et devra faire, pour augmenter les éléments d'opposition qu'elle renferme, — la Chambre des députés continuera d'être composée, en grande majorité, d'ennemis des droits dont l'exercice absolu ne permettrait pas le maintien des abus exploités par les gouvernants.

Certes, personne ne désire plus que nous éviter des déchirements dont les travailleurs seront momentanément les premiers à souffrir; — mais convaincus, de plus en plus, que pour faire disparaître les causes séculaires des abus sociaux, la révolution insurrectionnelle est encore le moyen le plus efficace, — nous consacrons tous nos efforts à pousser le peuple aux revendications héroïques dont le temps n'est pas aussi passé que le borgne ventru de Cahors a bien voulu le dire.

Et cependant, il dépendrait des mandataires du peuple, de nous dispenser de cette douloureuse extrémité ! — Pour cela, ils n'auraient qu'à se soumettre à la révocabilité incessante de la part du peuple, à renoncer au pouvoir absolu dont ils se trouvent illégitimement revêtus pour plusieurs années ; — qu'ils s'astreignent eux-mêmes à présenter à l'acceptation directe du peuple toutes les lois d'intérêt général ; qu'ils laissent les divers groupes de la collectivité nationale s'administrer comme ils l'entendront.

* *

Que de malheurs auraient été évités, si les députés, issus de nos révolutions, eussent depuis longtemps compris ou voulu accomplir leur devoir !

Les sombres événements de juin 1848, du 2 décembre 1851 et de mai 1871, n'auraient pas eu lieu; les exploiteurs du Creuzot. de Ricamarie, d'Aubin, de Roubaix, de Bessèges, de la Grand'Combe et d'ailleurs n'auraient pas eu des soldats pour les soutenir dans leur résistance aux justes revendications des ouvriers : — Car, le peuple, mis en possession réelle de sa souveraineté, aurait, depuis longtemps, aboli les armées permanentes toujours oppressives à l'intérieur et souvent inefficaces pour la défense nationale ; il aurait probablement décidé l'armement général comme garantissant beaucoup mieux, à la fois, la défense du territoire et les libertés publiques, — ainsi que l'a démontré Blanqui, le grand patriote révolutionnaire.

Et les impôts écrasants et vexatoires qui pèsent ou se répercutent entièrement sur le travailleur ! Ne seraient-ils pas abolis aussi ? ne seraient-ils pas remplacés, si besoin en est, par un impôt unique et progressif sur le capital ou sur le revenu, *en dehors du strict nécessaire* ?

Oh ! oui, le peuple se serait, depuis longtemps, débarrassé définitivement de l'oppression capitaliste et gouvernementale, si ses mandataires avaient, selon leur devoir, organisé le fonctionnement direct de sa souveraineté, au lieu de s'arroger le droit de l'exercer en son nom et le plus souvent contre lui : — il ne serait pas obligé de recourir encore à l'insurrection pour revendiquer la libre jouissance de ses droits imprescriptibles.

⁂

Tant que la souveraineté du peuple ne sera pas

réellement effective, tant qu'elle ne sera qu'un vain mot, un leurre, — une minorité quelconque aura le droit de prendre l'initiative des revendications, et il sera possible que, sans plus ni moins de justice que d'autres, elle s'empare du pouvoir et le garde.

C'est ainsi que nous sommes exposés à supporter successivement et alternativement des dictatures diverses au nom de convictions individuelles également sincères.

Nous pourrions, par exemple, subir les expériences des collectivistes qui croient avoir le droit de se considérer commes les *organes officiels* de tous les travailleurs — par ces seuls motifs qu'ils ont imaginé un nouveau système d'exploitation collective de la richesse sociale, et qu'ils ont fait victorieusement la critique de l'organisation actuelle.

Seulement, ils oublient que Cabet, Fourrier, Pierre Leroux, Robert Owen et beaucoup d'autres, plus ou moins célèbres, ont eu les mêmes prétentions et avaient démontré, aussi victorieusement et avec non moins de talent, les difformités monstrueuses de l'ordre économique actuel.

Il est vrai que les collectivistes ou communistes de fraîche date se figurent, de bonne foi, avoir inventé le groupement des travailleurs en parti distinct, en lutte constante avec les autres partis dont, soit dit en passant, il est d'autant plus difficile de les distinguer, que presque tous les partis, renferment une masse d'ouvriers au nom de laquelle chacun prétend agir, — et que, de plus, les porte-drapeau du collectivisme sont eux-mêmes, plus ou moins, ce qu'on appelle des bourgeois.

Tant qu'on n'aura pas dit clairement où finit l'ouvrier, où commence le bourgeois, — nous croirons que la lutte économique n'existe en réalité qu'entre les travailleurs exploités, *autant sous l'habit que sous la blouse*, et les exploiteurs qui s'enrichissent en accaparant une part du produit direct du travail d'autrui.

. ˙ .

Quoi qu'il en soit, l'histoire est remplie de tentatives du genre de celle que font aujourd'hui les collectivistes : toutes se sont heurtées fatalement aux nécessités absolues qui découlent de la différence des situations et de la diversité irrémédiable des organismes individuels

Les efforts de nos amis les collectivistes pour le groupement des travailleurs en parti distinct, ne sont rien en comparaison de ceux que firent les Spartacus dans l'antiquité, les Munzer dans le moyen-âge et les Babœuf pendant notre grande révolution, — sans compter tant d'autres, moins connus, qui échouèrent également dans leurs entreprises généreuses, malgré des convictions profondes et une énergie auprès de laquelle pâlissent toutes les ardeurs de la propagande révolutionnaire de nos jours.

Et tout cela, parce que les tendances diverses des égoïsmes individuels et l'éparpillement inévitable des hommes empêchent toujours, tôt ou tard, la permanence d'une entente unanime dans un intérêt commun.

Ces tendances et cet éparpillement sont surtout inconciliables avec l'idée de l'exploitation en commun des richesses sociales, *à l'exclusion de tout travail individuel isolé, pour un profit particulier.*

Les socialistes qui semblent redouter ce travail individuel, comme pouvant maintenir les abus de la possession privative, ne comprennent pas que cette possession ne sera plus dangereuse dès l'instant où elle cessera d'être héréditaire.

En définitive le grand inconvénient du collectivisme serait, s'il pouvait être pratiqué, de porter atteinte à la liberté individuelle par ce seul fait qu'en dehors de la collectivité générale, il n'y aurait pas, pour des individus ou pour des groupes isolés, la possibilité de se procurer la subsistance.

.·.

Nous n'avons certes aucune prétention à l'infaillibilité; mais nous pensons avoir, comme d'autres, le droit d'indiquer brièvement, en passant, nos idées personnelles.

Nous nous sommes demandé si, au lieu de la *socialisation générale du travail*, dans laquelle la liberté individuelle se trouverait opprimée, il ne vaudrait pas mieux fomenter la création d'associations *libres* en leur assurant, *ainsi qu'aux individus*, les moyens de travailler et de vivre isolément, selon leurs goûts et leurs besoins.

Dans ce sens, la solution ne consisterait-elle pas à mettre le crédit à la portée de tous soit en outillage, soit en matière première? — Une *association générale d'échange* entre des individus ou les groupes producteurs, ne serait-elle pas plus féconde en résultat que *l'enrégimentation du travail*, et surtout ne garantirait-elle pas mieux cette liberté à laquelle nous tenons, tous tant que nous sommes?

Dans une organisation telle que nous la concevons, les fonctionnaires, à tous les degrés, des diverses corporations sociales correspondraient continuellement pour tenir leurs mandants au courant des nécessités de chaque région, et ils seraient les agents naturels des échanges et des transports; la valeur respective des produits s'établirait ainsi en dehors de tout esprit de concurrence et de spéculation sur la rareté des marchandises.

Les producteurs auraient, bien entendu, l'entière liberté de vendre directement leurs produits à qui ils voudraient, ou de les remettre à l'association générale aux prix établis.

La voie que nous indiquons nous paraît moins périlleuse que celle vers laquelle voudraient nous pousser nos chers collectivistes.

⁂

Mais le collectivisme n'est pas la plus dangereuse des épreuves auxquelles nous expose la centralisation autoritaire gouvernementale.

L'anarchie absolue, désordonnée, pourrait, elle aussi, avoir son tour, *avec tout autant de droit et en vertu d'autant de bonne foi.* — On verrait alors le débordement de tous les égoïsmes ramener bientôt la domination de la force brutale, cause première des abus sociaux.

Contrairement aux vues des anarchistes que nous connaissons, la société n'aurait fait que changer de tyrans : — elle se retrouverait en présence des mêmes injustices, des mêmes privilèges enfantés par l'égoïsme, en l'absence du frein régulateur de la justice sociale.

Tout comme les anarchistes absolus, nous voulons la liberté de l'individu *en tout ce qui le concerne exclusivement* ; — mais nous pensons que cette liberté ne peut aller jusqu'à lui permettre de se soustraire aux règles de *réciprocité* dans ses rapports avec autrui, et à ses devoirs vis-à-vis de quelques-uns dont il n'a pas à attendre de réciprocité directe.

Ainsi, tout en respectant la liberté personnelle du père de famille, nous ne lui concéderions pas plus le droit d'opprimer son enfant, en lui imposant d'avance une religion, que la société actuelle ne lui concède le droit de l'empoisonner ou de le torturer physiquement.

Nous voulons tout autant la liberté de l'enfant que celle du père.

La société a le droit et le devoir d'intervenir en faveur de ceux qui ne peuvent se défendre : elle doit protéger l'enfant, la femme, l'invalide, les faibles, en un mot, contre les abus de la force.

Heureusement que les anarchistes dont nous parlons sont, en réalité, beaucoup plus raisonnables qu'ils ne veulent le paraître avec leurs formules absolument négatives de toute autorité, *même de celle du peuple*.

Ils imitent en cela Proudhon dont les formules, rédigées intentionnellement pour frapper les imaginations, aboutirent, en conclusion, à l'exposition d'un système gouvernemental qui ne différait de celui de Louis Blanc, son contradicteur, que par la dénomination des fonctionnaires : — question de mots et de prétentions personnelles.

Nous comprenons bien que les partisans raisonnables de l'Anarchie absolue ne songent à l'employer que comme instrument de révolution, non comme système social de l'avenir : — au fond, ils sont aussi organisateurs que les blanquistes avec la différence qu'ils n'admettent pas de dictature *d'un seul.*

Ils acceptent tellement l'idée d'une organisation, disons le vrai mot, d'un *Etat* pour l'avenir, — que, dans leur système libertaire, ils entendent garantir la liberté morale et matérielle des enfants, en les élevant et entretenant en commun, hors de tout enseignement pernicieux jusqu'au moment où, leur raison étant développée entièrement, ils pourront être livrés à eux-mêmes, et se servir utilement des instruments de travail que la société devra mettre gratuitement à leur disposition, soit dans les corporations libres, soit pour un travail isolé.

* * *

En réalité, les prétendus anarchistes absolus ne sont séparés de nous qu'au point de vue de la tactique révolutionnaire dans laquelle ils s'obstinent à ne pas vouloir se servir de certaines armes sous prétexte que ce sont celles de l'ennemi, — comme si on ne devait pas chercher à frapper ses adversaires, même avec leurs propres armes, sauf à en employer d'autres le cas échéant.

Ce système d'abstention n'a, en somme, d'autre résultat que de favoriser l'ennemi.

Chose bizarre, nous voyons ces singuliers abstentionnistes refuser d'un côté de se servir de certaines parties de la légalité existante pour porter la confusion jusque dans les retranchements gouvernementaux, — tandis que d'un autre côté ils remplissent les formalités légales exigées pour les réunions publiques ou privées et pour la publication des journaux.

Nous avons donc raison de dire qu'ils sont, au fond, beaucoup moins anarchistes qu'ils veulent le paraître dans un intérêt mal compris de propagande.

⁂

Quoi qu'il en soit des éventualités que pourraient nous ménager les essais *d'anarchisme* et de *collectivisme*, nous les préférons au maintien de ce qui est, — espérant bien que des hommes désintéressés comprendraient l'impossibilité de continuer leur tentatives, et laisseraient enfin le peuple libre de s'organiser comme il l'entendrait ; — d'autant plus que, leurs principes révolutionnaires les obligeant à détruire immédiatement toute force oppressive, ils seraient dans l'impuissance absolue d'imposer à la majorité des solutions dont elle ne voudrait pas.

Quels que fussent les résultats des expériences anarchistes et collectivistes, ils seraient préférables à ceux de l'organisation sociale actuelle qui perpétue l'exploitation de l'homme par l'homme.

Que l'on ne vienne pas nous parler de l'ordre social ! — Pour nous l'ordre ne consistera jamais dans une tranquillité factice obtenue au moyen des baïonnettes, et qui permet aux uns d'augmenter scandaleusement leur superflu, quand d'autres meurent de faim ou vivent dans la misère.

⁂

Quand on sent que toutes ces incertitudes cruelles, tous ces tiraillements, tous ces dangers disparaitraient si, *par impossible*, les détenteurs du pouvoir, renonçant à des traditions funestes, mettaient le peuple en possession effective de sa souveraineté, — on est soulevé de colère contre ces hommes qui détiennent un mandat entièrement illégitime *par cela seul qu'il n'est pas constamment révocable et qu'il provient d'usurpations.*

Pourquoi n'ont-ils pas complété l'œuvre de la révolution en imitant, pour ce qui reste à faire, les hommes qui, en 1789, détruisirent dans une seule nuit, tous les privilèges de la noblesse et du clergé ? — Pourquoi ont-ils perdu le temps en discussions byzantines ou à des tripotages politiques et financiers ?

Mais non : pouvant faire beaucoup de bien, ils n'ont presque rien fait, et le plus souvent du mal.

Allons, allons, — il n'y a rien à attendre de réellement efficace d'un système parlementaire qui n'est, en somme, que *le despotisme de quelqnes uns au lieu du despotisme d'un seul*: — Désormais, il ne faut compter, pour en finir avec les usurpations économiques et gouvernementales, que sur l'énergie et le sens commun du peuple.

C'est au peuple qu'il appartient de faire respecter, au nom de la justice sociale, envers et contre tous, la barrière mitoyenne des droits mutuels.

De quelque côté que vienne l'initiative révolutionnaire, qu'il se tienne prêt, pour le jour des grandes réparations, à contenir chacun dans la limite des devoirs.

Qu'il sache enfin se passer de maîtres.

www.ingramcontent.com/pod-product-compliance
Ingram Content Group UK Ltd.
Pitfield, Milton Keynes, MK11 3LW, UK
UKHW012119240726
13965UKWH00005B/1845